Vente des 12, 13, 14 et 15 Juin 1876

RUE DROUOT, 5, SALLE N° 3

AU PREMIER ÉTAGE

PORCELAINES
ARTISTIQUES

DONT QUELQUES-UNES

EN VIEUX SÈVRES, CHINE ET SAXE

ET AUTRES

Des Manufactures françaises

PROVENANT

De la Maison LÉVY frères

Fabricants de Bronzes, à Paris

EXPOSITION PUBLIQUE

Le Dimanche 11 Juin 1876, de deux heures à cinq heures

Me ÉMILE LECOCQ
COMMISSAIRE-PRISEUR

M. POMMERETTE
EXPERT

PARIS — 1876

CONDITIONS DE LA VENTE

Elle sera faite au comptant.

Les Acquéreurs paieront CINQ POUR CENT, en sus du prix d'adjudication.

DÉSIGNATION

VIEUX SÈVRES, PATE TENDRE

1 — Assiette en vieux Sèvres, fond turquoise; décor moderne.

2 à 4 — Trois Assiettes en vieux Sèvres, pâte tendre, sujets portraits; décor moderne.

5 — Assiette en vieux Sèvres, pâte tendre, fond turquoise, sujet pastoral.

6 — Assiette en vieux Sèvres, pâte tendre (*Portrait de Marie-Antoinette*); décor moderne.

7 — Assiette en vieux Sèvres, pâte tendre; décor moderne.

8 — Assiette en vieux Sèvres, pâte tendre (*Portrait de Mme de Lamballe*); décor moderne.

9 — Assiette en vieux Sèvres, pâte tendre; décor moderne.

10 — Deux Sucriers avec plateaux en vieux Sèvres, pâte tendre, or sur blanc.

11-12 — Deux Verrières en vieux Sèvres, pâte tendre, bleu foncé (*Mme de Parabère et Amours*); décor moderne.

13-14 — Deux Verrières en vieux Sèvres, pâte tendre, bleu foncé, sujets mythologique et pastoral; décor moderne.

15 à 19 — Deux Tasses et un Sucrier en vieux Sèvres, pâte tendre, et deux petites Tasses sans anses.

20 — Coupe en vieux Sèvres, pâte tendre, fond turquoise (*Amours*); décor moderne.

21 — Coupe en vieux Sèvres, pâte tendre, fond turquoise peinture (*Amours*); décor moderne.

22 — Coupe en vieux Sèvres, pâte tendre, bleu foncé à perles; décor, moderne.

23 à 32 — Dix Coupes rondes en vieux Sèvres, pâte tendre; décor moderne.

33 — Jardinière en vieux Sèvres, pâte tendre, bleu foncé; décor moderne.

CHINE ET SAXE

34-35 — Deux grands et magnifiques Vases en porcelaine de Chine, de 1 mètre 35 cent. de hauteur (*Un des vases est restauré*).

36-37 — Deux beaux Vases, de Chine de 85 centimètres de hauteur.

38-39 — Deux jolis Vases en émail de Chine.

40-41 — Deux petits Vases de Chine.

42 — Six Tasses en Saxe; décor de paysages.

FAIENCES ET TERRES CUITES

43 — Grande et belle Pièce de milieu en faïence de Sèvres, genre Bernard-Palissy, représentant une nappe d'eau en forme de coquille, supportée par trois sirènes, et sur laquelle nagent des poissons. (*Restaurée.*)

43 *bis* — Garniture de toilette en faïence de Deck.

44-45 — Deux Vases en faïence de Deck.

45 *bis* — Un lot de Bustes, Statuettes et Groupes en terre cuite.

SERVICES ET ASSIETTES

46 — Service turquoise damasquiné, avec semis de pois d'or et fleurs, composé de 46 pièces.

47 — Service Marly vert, très-riche, à cartels de fleurs, composé de 46 pièces.

48 — Service rose à oiseaux, composé de 28 pièces.

49 — Service de table, décors de fleurs sur blanc, composé de 31 pièces.

50 — Service en Sèvres, petit décor à quadrilles, composé de 112 pièces.

51 — Service de dessert fond bleu, décor Louis XVI, orné de peintures (*Portraits et Fleurs*), composé de 28 pièces.

52 — Service de dessert fond rose, orné de peintures, sujet pastoral et fleurs, composé de 28 pièces.

53 — Service rose, décor de fleurs et fruits, composé de 46 pièces.

54 — Dix-huit Assiettes fond vert d'eau à sujet pastoral, décor très-riche.

55 — Assiette fond turquoise, ornée d'un portrait, décor moderne.

56 à 67 — Douze Assiettes, très-riches de décors variés.

68 — Dix-huit Assiettes bleues à sujets d'oiseaux.

69 à 81 — Treize Assiettes avec peintures et grisailles variées.

82 — Vingt-quatre Assiettes non terminées fond vert d'eau, sujets de fruits, décor irrégulier.

83 — Dix-huit Assiettes fond turquoise et or (*Vues de châteaux.*)

84 — Douze Assiettes fond vert d'eau à bouquets de fleurs, bords et décors irréguliers.

85 à 88 — Quatre Assiettes en Sèvres.

89 — Douze Assiettes en Sèvres, décors Louis XVI très-riches, à peintures d'après Boucher.

90 à 95 — Six Assiettes à portraits; décor Louis XVI très-riche.

96 à 107 — Douze Assiettes; décors variés.

108 à 111 — Quatre Assiettes en Sèvres bleu, grand feu (*Vues de châteaux*).

112 à 121 — Dix Assiettes en Sèvres moderne, fond rose, à sujet pastoral, richement décorées, peintures d'après Boucher.

122 — Quarante-huit Assiettes à bordure verte avec fleurs et fruits.

123 à 133 — Onze Assiettes variées, ornées de riches décors.

134 à 184 — Cinquante-et-une Assiettes en Tournay, pâte tendre ; décors variés.

185 — Trois cents Assiettes variées de forme et de décors.

PLATS

186 — Grand Plat, fond bleu, décoré de peintures grisailles, genre Limoges (*Bacchus et Ariane*).

187 — Grand Plat, peinture genre émail de Limoges (*Amours danseurs*).

188 — Grand Plat, peinture genre Limoges (la *Danse* et la *Musique*).

189 — Grand Plat, fond turquoise à sujet mythologique et décor d'Amours.

BOLS, SUCRIERS, SEAUX

190 à 196 — Sept Bols, de décors variés.

197-198 — Deux Bols en Sèvres, à sujets de portraits; décor riche.

199-200 — Deux Sucriers vieux Sèvres, pâte tendre, avec plateaux peintures pastorales; décors modernes.

201 — Petit Sucrier, pâte tendre, fond turquoise (*Amour et fleurs*).

202 — Petit Sucrier, pâte tendre, fond turquoise, à cartels d'*Amours et fleurs*.

203-204 — Deux petits Seaux, pâte tendre, fond rose, à portraits.

205-206 — Deux petits Seaux, pâte tendre, fond rose, sujet pastoral.

207-208 — Deux Seaux, grisaille sur bleu, genre émail.

209-210 — Deux Seaux, fond vert; décor de fleurs.

211-212 — Deux Seaux, fond rose, à fleurs et quadrille.

213-214 — Deux Seaux, fond lilas; décor de fleurs.

215 à 218 — Quatre paires de Seaux, pâte tendre, fond turquoise (*Amours* et *fleurs*).

219 — Petite Salière, pâte tendre ; décor de portrait.

TASSES, CHOCOLATIÈRES POTS A CRÈME

221 — Quatorze Tasses et un Sucrier en Sèvres; décor riche, peintures pastorales.

222 à 225 — Quatre Écuelles en Sèvres; décor très-riche.

226 à 241 — Seize Écuelles et Tasses à bouillon ou à chocolat, avec couvercles et plateaux, ornées de décors variés.

242 — Soixante-huit Tasses en pâte tendre, à cartels de *Portraits et Amours*; décors variés riches à perles.

243 — Environ six cents Tasses en porcelaine de Sèvres et ordinaire, de décors variés.

244 — Petite Chocolatière en Sèvres mousseline; décor Louis XVI.

245-246 — Deux Pots à crème, bleu grand feu, portrait (*Impératrice*).

TÊTE-A-TÊTE, CABARETS

247 à 249 — Trois Tête-à-Tête en pâte tendre, richement décorés à perles.

250 à 258 — Neuf Tête-à-Tête variés.

259 — Petit Cabaret en Sèvres avec peintures très-fines (*Pastorales*); décor Louis XVI, très riche.

BRULE-PARFUMS, JARDINIÈRES

260-261 — Deux Brûle-Parfums, fond bleu; sujet pastoral.

262-263 — Deux petits Brûle-Parfums en pâte tendre, fond turquoise à sujet pastoral; décors à perles.

264 — Jardinière pâte tendre, fond bleu, à sujets mythologiques et cartels d'*Amours*.

265 — Petite Jardinière fond turquoise, sujet d'après Boucher.

266 à 273 — Huit Jardinières, de différentes formes et décors.

PORTE-BOUQUETS, PORTE-ALLUMETTES

274 — Porte-Bouquet en Sèvres, à cartels (*Louis XVI* et *Marie-Antoinette*); décor riche sur blanc. (Fracturé).

275 — Porte-Bouquet en Sèvres, portrait (*Impératrice*); décor riche sur blanc.

276-277 — Deux Portes-Bouquets en Sèvres; decor d'*Amours* et *fleurs*.

278-279 — Deux Porte-Bouquets en pâte tendre, fond turquoise; sujet pastoral et trophée.

280-281 Deux Porte-Bouquets pâte tendre, bleu foncé, à sujet (*la Cruche cassée*); décor riche à perles.

282 à 293 — Douze paires de petits Vases Porte-Bouquets; décor Louis XVI.

294-295 — Deux Porte-Fleurs à côtes, pâte tendre, fond rose; décors de fleurs et Amours.

296 à 351 — Cinquante-six paires de Porte-Bouquets en porcelaine de Sèvres et ordinaire; décors variés.

352 à 354 — Trois paires de Porte-Allumettes à peintures grisailles, sur fond bleu

---

PENDULES

355 à 358 — Quatre Pendules en porcelaine, dont deux sans mouvement.

COUPES, BUIRES

359 à 362 — Quatre paires de Coupes rondes, en pâte tendre, vieux Tournay, fond turquoise; décors variés.

363 à 370 — Huit Coupes en pâte tendre; décors variés.

371 à 380 — Dix paires de Coupes en pâte tendre; décors variés.

381 à 390 — Dix Coupes en Sèvres, richement décorées.

391 à 396 — Six Coupes ovales en pâte tendre; décors variés.

397 à 424 — Vingt-huit Coupes variées de formes et décors.

425 à 427 — Trois paires de Buires, à décors variés.

VASES, POTICHES

428-429 — Deux très-jolis Vases en pâte tendre, fond turquoise, à perles Louis XVI, avec peintures (*le Joueur de vielle*), d'après van Loo. Très-riche décor (Restaurés).

430-431 — Deux grands Vases, forme boule, fleurs sur blanc, peints par Shilt père, de Sèvres.

432-433 — Deux Vases fond vert; décor très-riche, sujets d'après Lancret, peints par Shilt fils, de Sèvres.

434-435 — Deux Vases fond turquoise, à cartels de fruits, oiseaux et fleurs; décor or peint très-riche; peinture de Jaccober, de Sèvres.

436-437 — Deux paires de Vases en pâte tendre, ornés de peintures et riches décors.

438-439 — Deux grands Vases en Sèvres; décor de fleurs sur blanc, peint par Desfeux.

440-441 — Deux Vases fond turquoise; sujets religieux.

442 à 444 — Trois paires de Vases Fuseaux; décors variés, pour monture.

445-446 — Deux Vases (*Œufs*) en pâte tendre, fond turquoise; décor riche à perles; peinture d'après Prudhon.

447-448 — Deux Vases fond turquoise (*l'Adoration des Bergers* et la *Sainte Famille*); décor riche, d'après Raphaël.

449-450 — Deux paires de Vases en pâte tendre, à sujets mythologiques; montures en bronze doré.

451-452 — Deux Vases, peinture sur blanc; décor très-riche en or peint, par Julienne, de Sèvres.

453-454 — Deux Vases en pâte tendre, fond turquoise, à sujets mythologiques; monture en bronze doré.

455-456 — Deux Vases; décor oriental. (Un fracturé.)

457-458 — Deux Vases, forme boule, fond turquoise; peintures d'après Boucher et fleurs.

459-460 — Deux Vases fond turquoise (*Amours* et *Fleurs*).

461-462 — Deux Vases de Sèvres; décor oriental sur fond céladon.

463-464 — Deux Vases, fond bleu grand feu, à sujet pastoral et fleurs.

465 — Vase décor persan sur fond jaune.

466-467 — Deux Vases fond blanc, grisaille sur bleu; décor très-riche.

468-469 — Deux Vases fond turquoise, peinture sujets mythologiques d'après Boucher; très-riche décor.

470-471 — Deux Vases fond turquoise, ornés de peintures (la *Leçon de musique* et la *Conversation espagnole*); décor riche.

472-473 — Deux Vases fond blanc, peinture d'ap. Prudhon, décor riche.

474-475 — Deux Vases fond rose, décor genre oriental, fleur et or.

476-477 — Deux Vases-Tulipes, pâte tendre, fond turquoise, peinture d'après Van Loo.

478-479 — Deux Vases Louis XVI à anses, fond rose, avec portraits.

480-481 — Deux Vases; décor très-riche or peint; sujets d'après Lancret.

482-483 — Deux Vases, forme Sèvres, fond turquoise (*Amours et Fleurs*).

484-485 — Deux Vases fond vert; décor de fleurs très-riche.

486-487 — Deux Vases, forme Sèvres, peintures grisailles, à très-riche décor de fleurs et or peint.

488-489 — Deux Vases fuseaux, peintures d'après Lancret; décor très-riche or peint.

490-491 — Deux Vases fond rose, peintures sujets et fleurs.

492-493 — Deux Vases, forme boule, en pâte tendre; fond bleu, décor très-riche à perles.

494-495 — Deux Vases, de forme conique, en pâte tendre fond bleu, à sujets de portraits; décor riche à perles.

496-497 — Deux petits Vases, forme gourde, en pâte tendre fond bleu (sujets mythologiques); décor riche à perles.

498-499 — Deux Vases côniques, pâte tendre bleu foncé, portrait (*Mme de Pompadour*); décor riche à perles.

500-501 — Deux Vases, pâte tendre fond turquoise, sujet pastoral et trophée; décor avec perles.

502-503 — Deux Vases, pâte tendre bleu foncé; décor quadrillé très-riche.

504-505 — Deux Vases, à long col, fond vert, à sujets de portraits.

506-507 — Deux Vases pâte tendre, fond turquoise, à sujet pastoral pour monture.

508-509 — Deux Vases fond turquoise, à peintures de figures et fleurs.

510-511 — Deux Vases à long col, fond turquoise, à sujets de portraits.

512-513 — Deux Vases, fond bleu grand feu, pour monture.

514 — Vase fond rose; décor persan.

515-516 — Deux Vases fond vert, sujets d'après Watteau.

517-518 — Deux Vases fond vert, décors de fleurs et fruits.

519-520 — Deux Vases bleu, grand feu, décor de fleurs et *Amours*.

521 à 524 — Quatre paires de Vases pour lampe, peintures grisailles sur fond bleu.

525 à 530 — Six paires de petits Vases, pâte tendre, fond bleu foncé à perles; riche décor.

531 à 533 — Trois paires de Vases, pâte tendre, bleu foncé; décors très-riches à perles et chiffres Louis XVI.

534 à 539 — Six paires de Vases, de différentes formes, à décors variés.

540 à 545 — Six paires de Vases, de formes diverses; décors variés.

546 à 551 — Six paires de Vases, de formes diverses; pour montures; décors variés.

552-553 — Deux Potiches, fond bleu grand feu, décor de fleurs et fruits, d'après Jacobber.

PIÈCES DIVERSES

554 — Un lot de Statuetttes et groupes en porcelaine imitation de Saxe.

555 — Trois cents Pièces décorées : lampes, vases et pièces de service de table.

PORCELAINES BLANCHES

556 — Douze cents Pièces : assiettes, plats, vases, coupes, jardinières, lampes, etc., pour monture, en porcelaine blanche.

Vve RENOU, MAULDE et COCK, impres de la Compagnie des Commissaires-Priseurs, rue de Rivoli, 144. 65973

Vve RENOU, MAULDE et COCK

IMPRIMEURS DE LA COMPAGNIE DES COMMISSAIRES-PRISEURS

Rue de Rivoli, 144.

www.ingramcontent.com/pod-product-compliance
Lightning Source LLC
LaVergne TN
LVHW020521230826
846091LV00008BA/3508

* 9 7 8 2 0 1 3 6 9 5 4 9 7 *